TLEMCEN

ET

TOMBOUCTOU

PAR

M. CHARLES BROSSELARD
Sous-Préfet de Tlemcen.

(*Extrait de l'*AKHBAR, *novembre 1860.*)

ALGER
IMPRIMERIE DE A. BOURGET, RUE SAINTE, N° 2.

1861

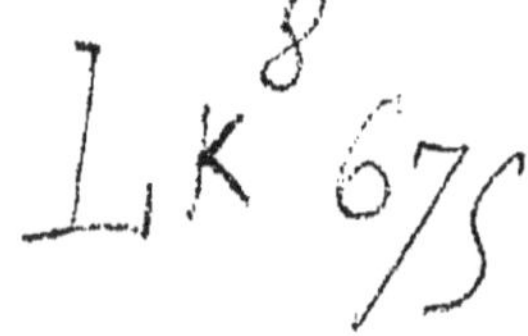

TLEMCEN ET TOMBOUCTOU.

Le Soudan est à la mode. Il se mêle, avec une certaine faveur, aux préoccupations du public algérien. Volontiers on en parle ; on en disserte même curieusement ; chacun veut en dire son mot, et je cède, comme un autre, à cette fantaisie.

La perspective d'un voyage Trans-Saharien effrayait naguère les plus intrépides ; elle sourit maintenant à plus d'une imagination enthousiaste. Le fait est que d'excellents esprits, et des plus éclairés, ont posé hardiment et discuté, avec toute l'autorité du savoir et du talent, la question des moyens à employer pour accomplir cette grande entreprise(1). Nous savons par eux ce qu'il faut faire pour nouer avec les populations de l'Afrique centrale des relations qui seraient également profitables au commerce, à la science et à la civilisation. J'applaudis de toutes mes forces, avec tout le monde, à ces tendances généreuses. Qui n'y verrait l'heureux symptôme des progrès qui se réalisent insensiblement en Algérie, et le témoignage public d'une grande foi dans l'avenir ? Sans doute, le but à atteindre n'est pas complétement défini, il n'est qu'entrevu. Qu'importe, après tout ? De cette aspiration, encore vague, vers un monde peu connu, surtout si elle est secondée par des efforts intelligents et persévérants, sortiront, avec le temps, des résultats positifs. L'expérience vaut la peine d'être tentée ; et plus elle semble entourée de difficultés, plus elle est digne de sympathie et

(1) V. le travail de la *Société Historique algérienne*, que nous avons publié récemment sur ce sujet et qui a paru en brochure sous ce titre : *Du Meilleur mode d'Exploration de l'Afrique Centrale.* — Note de la Rédaction.

d'encouragement. Une telle entreprise exige le concours d'agents habiles et dévoués et de capitaux hardis et intelligents ; elle demande, pour réussir, de la confiance, de la sécurité et des garanties. Elle en trouvera, comme toute œuvre qui a de l'avenir. Le décret impérial du 25 juin 1860, qui ouvre la frontière méridionale de l'Algérie à l'entrée en franchise des provenances du Sahara et de l'Afrique centrale, et l'institution plus récente d'une agence consulaire française à Redamès, sur la route orientale du Soudan, sont deux mesures connexes, prises dans un même esprit et dues à une inspiration également libérale. Elle prouvent jusqu'à quel point le gouvernement tient en estime les intérêts prêts à s'engager, sur la voie de l'Afrique intérieure, et combien il entre dans ses vues de leur assurer une efficace protection.

Le Soudan offre un thême des plus variés aux caprices de l'imagination. Comme il s'agit de contrées que l'on connaît d'autant moins qu'elles sont demeurées à peu près inaccessibles jusqu'ici, il est loisible d'en deviser tout à son aise. Le sujet est riche ; mais qu'on se rassure : je ne prétends pas me donner cette satisfaction. J'entends ne considérer que l'affaire commerciale, et à un point de vue exclusivement algérien. Je demande à en dire franchement ma pensée.

Tout en reconnaissant la grandeur de l'idée et son avenir ; tout en m'associant aux efforts faits pour la vulgariser, je me défie des illusions et j'appréhende, à leur suite, les déceptions A mon sens, renfermée même dans le champ purement commercial, la question a ses épines. Cette voie nouvelle, qui s'ouvrirait à l'écoulement de nos produits, ne doit être abordée qu'avec une extrême circonspection. Le désert, comme la mer, a ses abîmes et ses écueils. On fera preuve d'une saine entente des choses, et l'on se montrera sagement avisé, si, avant de rien entreprendre, on cherche à se rendre compte, de bonne foi, des difficultés ; si l'on compare les obstacles aux moyens d'exécution ; si l'on sait prévoir les risques, autant que calculer les chances de succès et les profits probables de l'entreprise ; en un mot, si l'on s'attache à bien définir la situation. Et, pour cela, aucun moyen d'information préalable ne doit passer pour indifférent. Il ne faut pas s'exposer, en trop s'avançant, à être obligé de revenir sur ses pas ; ce qui serait un commencement de défaite.

Il est à craindre, en effet, qu'un engouement excessif, succédant, tout d'un coup, à une indifférence prolongée, n'aveugle les plus clairvoyants, et ne leur fasse faire fausse route. Le désert est le pays du mirage. Des résolutions précipitées entraîneraient à leur suite un rapide désenchantement ; là où l'on croyait à une opération solide, on n'aurait couru qu'une aventure. C'est un travers, ou, pour mieux dire, un danger contre lequel il importe au plus haut degré de se prémunir.

L'Algérie, sans aucun doute, est dans la situation la plus favorable pour servir de grand marché, de lieu d'entrepôt et de transit aux produits de l'Afrique centrale. Elle peut, de même, devenir une excellente base d'exportation pour nos produits naturels et manufacturés, que nous avons intérêt à écouler dans les régions du Soudan. L'Algérie correspond géographiquement à deux des plus riches comptoirs de l'Afrique intérieure : Tombouctou et Haoussa.

Mais si cela est vrai, il ne l'est pas moins que nous nous présentons un peu tard dans la lice ; que, depuis longtemps nous avons été devancés par des rivaux plus hardis ou plus heureux, qui, à l'Ouest de nos possessions africaines, par le Maroc, et à l'Est, par la Tunisie et le Fezzan, se sont rendus les maîtres incontestés du marché soudanien. Les déloger de la place n'est pas une entreprise aisée : il y faut, tout au moins, beaucoup de temps et d'efforts habiles.

Autre considération. Si les relations de commerce que l'on veut nouer avec le Soudan doivent acquérir dans l'avenir une notable importance, à mesure que la civilisation étendra ses progrès au sein des populations nigritiennes, il n'est pas moins vrai de dire que, pendant longtemps encore, elles se trouveront circonscrites dans un champ fort limité. Ce serait se faire une étrange illusion que d'envisager autrement les choses. Car, d'un côté, les Noirs n'ont que des besoins extrêmement bornés, tels que les comporte leur état social peu avancé ; et, de l'autre, les procédés en usage parmi eux pour tirer parti des richesses naturelles que leur pays produit abondamment, sont grossiers, défectueux, pour ne pas dire nuls. A proprement parler, ils n'ont pas d'industrie. Donc, de part et d'autre, les échanges se réduisent, quant à présent, à un nombre d'articles très restreint, et la conséquence facile à tirer de cet état de choses, c'est que tant qu'il durera, le commerce d'importation ou d'exportation avec le Soudan, sera manifestement condamné à se faire sur les bases les plus modestes.

Si encore les régions septentrionales de l'Afrique étaient les seules en communication avec l'intérieur de ce continent, il se pourrait fonder, à coup sûr, des espérances plus vastes et moins sujettes à de fâcheux retours sur les opérations du commerce trans-saharien. Mais il n'en est pas ainsi. Par les ports de l'Océan Atlantique et de la mer Rouge, les produits de l'Europe et de l'Asie pénètrent dans l'intérieur de la Nigritie ; elle-même trouve dans ces ports des débouchés avantageux pour les objets de ses échanges. On le voit bien, par conséquent : il s'agit d'un commerce extrêmement disséminé et dont les éléments épars ne pourraient être aisément ramenés à un centre unique, pour former un seul faisceau. Qui oserait concevoir une aussi chimérique entreprise ?

On me dira, à la vérité, que pour les principaux articles à tirer de la Nigritie, et qui peuvent servir à l'usage de nos industries européennes, tel que l'or et l'ivoire, il existe une disproportion si marquée entre leur prix de revient sur les marchés de l'intérieur et la valeur qu'ils acquièrent sur les nôtres, que notre commerce est assuré, en tout état de choses, d'y trouver la source de bénéfices relativement considérables. Je n'en disconviens pas. Les nègres ont la naïveté des peuples enfants, et ils en donnent la preuve aussi bien dans leur commerce que dans leurs arts, leur industrie, leurs mœurs et leur religion. Ils paient au poids de l'or des étoffes communes, de la verroterie, des armes et de la quincaillerie de pacotille. Il y a de beaux gains à réaliser. Mais croit-on que cet état de choses doive durer ?

La concurrence européenne, en s'établissant sur tous les points, n'est-elle pas destinée, au contraire, à répandre dans le Soudan, des notions plus exactes de la valeur relative des objets d'échange ? Qui en douterait ? On fera donc bien de se mettre en garde contre les déceptions de ce genre.

Un marchand marocain fort expérimenté, me disait, il n'y a pas longtemps : « Le Soudan est une terre bénie ; c'est « une mine d'or : il n'y a qu'à se baisser pour en prendre ; « un seul voyage au Soudan enrichit son homme. » Oui sans doute ; mais ne vous fiez pas trop à ces grands mots. D'abord, tout est relatif : un marchand indigène se trouve riche, et se retire des affaires, lorsqu'il se voit possesseur d'une somme d'argent qui ne constituerait pas même à vos yeux un revenu passable, bien loin de vous paraître une fortune. Et puis, le marchand arabe achète et revend des esclaves : c'est son droit, et là est la source de ses plus clairs bénéfices. Vous répudiez heureusement ce genre de profits ; aussi la concurrence indigène vous menace-t-elle d'une écrasante rivalité.

Voilà les réserves que nous avions à faire. Ce n'est pas, de notre part une pensée de défaillance, non plus que l'intention de décourager certaines aspirations généreuses, auxquelles nous sommes les premiers à applaudir. Nous reconnaissons volontiers que le commerce français, après s'être tenu trop longtemps à l'écart, se doit à lui-même de prendre sa revanche. L'entreprise est de celles que l'avenir glorifie et rend fécondes ; mais ce n'est pas à dire qu'il n'y ait quelque chose d'opportun et de profitable à faire dès le moment présent. Nous avons, au contraire, la ferme conviction que les négociants algériens qui, avec de la prudence et de la mesure, unies à un certain esprit d'entreprise, expédieront au Soudan les premières caravanes, peuvent s'attendre à une large rémunération de leurs efforts. Mais qu'ils se rendent, avant tout, un compte exact des besoins qu'ils veulent servir, et que la plus grande loyauté préside à leurs transactions : deux recommandations superflues, quand on s'adresse au commerce français !

Si donc il est prudent de ne rien hasarder dans une pareille entreprise, sans s'être assuré préalablement que les moyens d'action et d'exécution ne failliront pas, il est, en même temps, certain que la première question que devra se poser tout négociant désireux d'entrer en relations d'affaires avec le Sahara et le Soudan, sera celle-ci :

« Quel est, dans le Tel algérien, le point le plus favorablement situé, et réunissant, dans la mesure la plus satisfaisante, les conditions nécessaires pour servir de base aux opérations ; pour correspondre facilement avec les divers points de l'intérieur ; pour devenir le siége d'une direction centrale et supérieure ; pour se transformer avantageusement en entrepôt et en place d'approvisionnement, soit pour l'importation, soit pour l'exportation ? »

Cette question, qui est de premier ordre, peut se résoudre diversement. Nous l'ignorons d'autant moins que nous l'avons plus curieusement étudiée ; mais entre les différentes solutions qui se présentent, il en est une qui nous a paru plus particulièrement digne de faveur. C'est ce qui nous engage à exposer le résultat de nos réflexions et de nos recherches à cet égard, avec l'espérance que le commerce pourra y puiser quelques indications utiles.

Constantine, avec Biskra, Tougourt et Ouargla pour avant-postes, paraît être, dans la province orientale de l'Algérie, le point le mieux situé pour entrer en communications avec les marchés de l'Afrique intérieure. Médéa, dans la province d'Alger, donnant la main à Laghouath et au Mzab, est, à cet égard, dans une position analogue. Le commerce fera donc bien de ne pas négliger ces deux bases d'opérations. Cependant, il en est une troisième, qui nous paraît réunir si excellemment tous les avantages présentés par les deux premières, avec quelque chose de plus, que nous n'hésitons pas à lui donner la préférence. C'est de Tlemcen qu'il s'agit. Par sa situation géographique et ses traditions séculaires, elle est justement en droit de revendiquer la prééminence.

Tlemcen est le véritable *trait-d'union* entre le Sahara et la région maritime du Tell : son nom, emprunté à la langue berbère, a précisément cette signification expressive. Tlemcen est sur la route du Touat, sorte d'isthme jeté à travers les sables, comme pour relier l'une à l'autre les deux parties du continent africain ; Tlemcen, enfin, se trouve situé dans le méridien de Tombouctou.

Sans entrer dans des développements historiques qui seraient déplacés ici, il suffira de rappeler que, pendant plusieurs siècles, Tlemcen fut considéré par les négociants européens de l'Espagne, de la Provence et de l'Italie, comme le comptoir le plus favorablement situé pour trafiquer avec le Soudan. De même, les caravanes indigènes y ont vu, de tout temps, le débouché le plus avantageux pour les produits apportés de l'intérieur et le marché où il leur était le plus commode d'échanger ces produits, soit contre les denrées du Tell, soit contre les marchandises exportées d'Europe. Tlemcen, en un mot, n'a jamais cessé d'être regardé, de part et d'autre, comme la place commerciale par excellence du Moghreb central.

Assurément, sans sa raison d'être, inhérente à la situation géographique du pays — et cette circonstance est toujours prédominante dans de semblables questions, — le phénomène économique que nous signalons, ne se fût pas perpétué à travers les siècles, malgré les révolutions, les guerres, les catastrophes de tout genre, dont ce coin de l'Algérie a été si souvent le théâtre. Il est donc l'expression d'une loi immuable, nécessaire. Cette considération tirée du fond même des faits, et non simplement spéculative, n'est-elle pas de nature à prévaloir dans le choix que le commerce se propose de faire d'une base d'opérations rationnelle et solide, d'où il puisse se répandre librement et sûrement sur la voie de l'Afrique intérieure ?

S'agit-il ici de système, de théorie ? Faisons-nous simplement de l'histoire ancienne ? Faut-il ajouter tant d'importance à ce qui se pratiquait à d'autres époques ? Autre temps, autres coutumes. — Nullement. — Il est si vrai que Tlemcen est nécessairement marqué, et comme fatalement, pour être, dans le Tell algérien, le point de réunion préféré des caravanes, que nonobstant les difficultés, au fond très sérieuses, surgies depuis quelques années, les marchands sahariens n'en ont pas moins persisté à y apporter leurs marchandises. Ce fait mérite bien d'être remarqué. Malgré la suppression de la vente des noirs ; malgré les entraves résultant de l'établissemant des douanes françaises, les trafiquants du désert sont venus pendant ces dernières années, sur le marché de Tlemcen, en nombre réduit, à la vérité ; mais de manière cependant, à ne pas interrompre complètement les relations, et comme s'ils eussent voulu témoigner par là de l'avantage réciproque qu'il y aurait à les renouer de part et d'autre, et surtout à en favoriser le développement sur de plus larges bases.

A l'appui de cette assertion nous donnerons des chiffres.

De 1854 à 1860, *quarante-et-une caravanes sahariennes* se sont présentées sur le marché de Tlemcen, comprenant ensemble un personnel de *six cent vingt convoyeurs et deux mille bêtes de somme*. Elles ont trafiqué de *quinze cents charges* de marchandises diverses, dont la vente a produit *un million six cent cinquante-quatre mille francs*.

Ces chiffres, embrassant une période de six années, représentent un mouvement annuel de sept caravanes et de deux cent cinquante charges de marchandises, valant en bloc environ deux cent soixante-quinze mille francs. Mais il est essentiel de remarquer que de 1855 à 1860, le nombre des caravanes n'a fait que décroître sensiblement d'année en année. En 1855, il était de dix, qui avaient apporté pour cinq cent mille francs de marchandises; il est tombé à quatre en 1858; à trois en 1859; et, enfin, du 1er janvier au 31 octobre 1860, une seule caravane est venue. Cette décroissance rapide et significative dans le chiffre des arrivages annuels s'expliquait par les exigences trop élevées de notre tarif douanier.

Les résultats que nous venons de signaler, à les envisager à un point de vue trop absolu, paraîtront mesquins; mais on conviendra qu'ils ne sont pas sans importance, si l'on songe aux conditions difficiles dans lesquelles ils ont été obtenus. En continuant de prendre la route de Tlemcen, malgré les obstacles qu'elles y rencontraient, les caravanes sahariennes ont obéi à des habitudes traditionnelles, dont notre commerce aura raison, à son tour, et dans son propre intérêt, de tenir grand compte.

Rien désormais n'entravera plus les relations du Tell avec le Sahara; les barrières se sont abaissées. Le décret impérial du 25 juin dernier a fait disparaître, sinon toutes les difficultés, du moins la principale. Par rapport à Tlemcen, cette mesure excellente doit avoir pour résultat de redonner la vie à des rapports commerciaux, qui, malgré tout, n'avaient jamais été complétement interrompus. Sur ce marché consacré par les siècles, et non pas abandonné, mais seulement moins fréquenté que par le passé, on verra se reconstituer peu à peu les éléments épars d'une prospérité dont on se souvient encore. Il ne s'agit plus que de s'entendre et de se tendre la main de part et d'autre. Ou nous nous trompons beaucoup, ou l'intelligente initiative des négociants français ne faillira pas à cette œuvre de réconciliation, basée sur la réciprocité des intérêts.

Qu'ils veuillent bien considérer, d'ailleurs, qu'en choisissant Tlemcen, pour en faire le siége de leurs opérations, ls s'assurent des avantages bien supérieurs à ceux que tout autre point de l'Algérie serait en état de leur offrir, parcequ'ils trouveront à y faire deux fortunes, au lieu d'une. Et comment cela? C'est qu'à côté des bénéfices qui peuvent résulter de relations suivies avec le Sahara et le Soudan, il y a ceux plus prochains, plus immédiats, et non moins importants, qui seraient obtenus à l'aide des échanges avec le Maroc.

Ce point mérite une explication.

Le Maroc est un pays qui n'est dépourvu ni de richesses naturelles, ni d'industrie. Son commerce est intelligent, actif et patient. Il ne recule pas devant des entreprises, même difficiles et d'un succès éloigné, si ce succès lui paraît assuré. Il jouit, d'ailleurs, d'une réputation de loyauté méritée, et l'on peut traiter avec lui sur le pied d'égalité, sans déroger. Le Maroc est en mesure de fournir à l'Algérie des peaux et des laines estimées, sans parler des produits fabriqués spécialement en vue de la consommation indigène, et qui sont nombreux. Il nous demande, en retour, à peu près les mêmes articles que le Sahara et le Soudan. De là, cette déduction rationnelle: que l'entrepôt établi à Tlemcen pourrait desservir à la fois l'un et l'autre pays. Les deux entreprises s'aideraient et se soutiendraient l'une par l'autre: disons mieux: elles n'en constitueraient qu'une seule. Aucune combinaison n'est plus simple, et il suffit de l'énoncer pour en faire comprendre tous les avantages. Il est bien évident, d'ailleurs, que Tlemcen est le marché de l'Algérie où la marchandise marocaine a le plus d'intérêt à se présenter. C'est une nécessité de position: en jetant les yeux sur la carte, on s'en rendra aisément compte. Cette vérité est démontrée pour tous les négociants algériens, et ce serait perdre son temps que d'y insister davantage.

Pour être juste, il faut reconnaître que le service de douane établi depuis quelques années, sur la frontière du Maroc, a gêné considérablement l'essor des exportations de ce pays à destination des marchés algériens. Ses tarifs trop élevés équivalent, pour certains produits, à une absolue prohibition. Mais l'expérience paraissant suffisamment faite, il est permis d'espérer que le gouvernement étendra bientôt sa sollicitude de ce côté, et qu'enfin cette barrière, élevée principalement en vue de l'introduction en Algérie des marchandises anglaises, s'abaissera comme celle du Sud s'est déjà abaissée devant l'intérêt plus puissant, plus essentiel que nous avons à entretenir de bons rapports internationaux avec nos voisins de Fez. A cette espérance, joignons-en une autre. Que la frontière de l'Algérie, du côté du Maroc, se reconstitue normalement dans ses limites naturelles et traditionnelles ; et désormais défendue par un bras plus fort, protégée par une police plus vigilante, elle offrira aux voyageurs des deux pays un accès facile et dégagé de tout danger. Qui s'y aventure aujourd'hui court de grands risques (1).

Quoi qu'il en soit, les obstacles de diverse nature que nous signalons, n'ont pas entièrement découragé le commerce marocain. L'habitude est vivace ; la perspective d'un profit assuré donne du cœur au ventre. Aussi, malgré l'état de trouble dans lequel se trouve incessamment la frontière ; malgré le peu de protection dont le gouvernement marocain couvre ses nationaux ; malgré l'impôt fort lourd prélevé par la douane, les caravanes de Fez, de Taza, d'Oujda, du Tafilalt (Tafilet), ont continué sans interruption de fréquenter le marché de Tlemcen. Elles y trouvent encore leur compte, et nous aussi. En échange des produits naturels ou fabriqués de leur pays, elles nous demandent les articles bien plus nombreux que notre industrie peut fournir à ses besoins. Elles ne s'en retournent jamais à vide ; nos quincaillers, nos

---

(1) V. pages 401 et suivantes du 4e vol. de la *Revue africaine*, l'article sur les *Frontières de l'Algérie*. — Note de la Rédaction.

armuriers, nos marchands d'étoffes savent qu'il y a de beaux profits à faire avec elles. Eh bien! multiplier ces relations d'échange et de bonne amitié, en étendre l'importance en les dégageant de tout lien restrictif, c'est le meilleur moyen de contrebalancer la concurrence que peut nous faire un commerce rival, c'est l'écraser, si nous voulons bien!

Les chiffres sont le langage des faits : c'est ce qui les rend souvent éloquents. Ceux que nous allons présenter sont la meilleure preuve du degré d'importance que pourraient acquérir les transactions effectuées par le commerce marocain, du jour où elles redeviendraient libres.

De 1854 à 1860, *deux cent soixante-seize caravanes* ont franchi la frontière du Maroc, pour venir à Tlemcen.

Elles y ont apporté *trois mille cent soixante-six* charges de marchandises, qui ont donné, à la vente, un produit de *deux millions trois cent quatre-vingt mille francs.*

A calculer par moyenne annuelle, ces chiffres représentent un mouvement de : — 46 caravanes ; 258 charges de marchandises ; Et 396,666 fr. de produit brut.

Le résultat est médiocre? j'en conviens ; mais il est de toute équité de mettre dans l'un des plateaux de la balance les circonstances exceptionnelles dans lesquelles il s'est produit, et les conditions lourdes et fâcheuses qui étaient imposées au commerce marocain : on trouvera peut-être alors qu'il n'est pas dépourvu de toute consistance. Ce qui importe surtout, c'est que notre commerce se rende bien compte de la situation, et moins encore de ce qu'elle est, que de ce qu'elle peut devenir. Ce qui s'est fait timidement, sur une petite échelle, et comme par une simple réminiscence du passé, pendant la période de six années que nous avons indiquée, peut se poursuivre avec un grand accroissement d'avantages pour les deux pays, si nos négociants, habiles à se rendre maîtres de la position, déploient autant de ressources qu'il en faut pour s'y maintenir.

Tlemcen est donc, dans notre opinion, la ville du Tell algérien que le commerce doit préférer à toute autre, comme point de départ et comme siége de ses relations avec le Sahara et le Soudan ; et cela pour deux raisons. La première, c'est que sa situation géographique privilégiée, et ses traditions commerciales de plusieurs siècles lui assignent ce rôle ; la seconde, c'est qu'indépendamment des transactions qui auraient l'Afrique méridionale pour objet, Tlemcen peut devenir, en même temps, le foyer de relations commerciales importantes avec le Maroc. Nos négociants y feraient donc, comme on dit vulgairement, d'une pierre deux coups. La même entreprise, sous une direction unique, obéissant à une seule impulsion, sans aggravation de frais et réalisant des bénéfices proportionnels à l'économie du procédé, étendrait ses deux bras puissants, l'un au Midi, dans le Grand-Désert et au-delà jusqu'à Tombouctou ; l'autre à l'Occident, d'Oujda à Fez et Mekinès. L'essai serait grand et mérite au moins d'être tenté.

Notre conviction est si bien faite sur ce point, que nous voudrions pouvoir la faire passer dans l'esprit de quiconque s'intéresse à la question. Quelques nouvelles considérations ajoutées à celles qui précèdent, aideront peut-être à ce résultat. Demandons-nous jusqu'à quel point les communications du Tell algérien, avec le Sahara et les régions du Soudan sont faciles, et si Tlemcen jouit, sous ce rapport, d'un avantage marqué.

Entre la frontière méridionale de l'Algérie et Tombouctou, sur l'espace de 2,000 kilomètres qui séparent ces deux points opposés, le commerce devra se ménager certaines stations, choisies de telle sorte, qu'il puisse y établir avec avantage et sécurité des agences spéciales correspondant avec le chef-lieu de l'entreprise. La convenance de cette combinaison est démontrée *à priori*. Il est indispensable d'échelonner, sur cette longue ligne de parcours, des fondés de pouvoirs, des *oukils*, comme diraient les Arabes, chargés de veiller aux intérêts de la Compagnie ; de seconder ses vues, et souvent de les prévenir ; de la renseigner officiellement sur le plus ou le moins d'opportunité des opérations; de traiter avec les caravanes intermédiaires ; de s'assurer de leur fidélité, et de surveiller leur marché ; en un mot, de présider à toutes les opérations de détail.

Quant aux points de l'intérieur saharien qui peuvent être choisis avec le plus d'avantage pour devenir le siége de ces agences, la question paraît déjà résolue, aussi bien par les données géographiques que par celles de l'expérience.

Dans l'Est, Constantine a pour points d'appui, sur la route de Tombouctou, Tougourt et Ouargla.

Médéa, au centre, a le Mzab et El-Gueléa.

Dans l'Ouest, Tlemcen a le Touat.

Le Touat est une contrée oasienne, très riche et très peuplée, qui traverse le Sahara du Nord au Sud, sur une étendue d'environ cent lieues. Les personnes curieuses de s'instruire des particularités topographiques, des mœurs, ainsi que de l'importance politique et commerciale des cinq grandes circonscriptions qui forment le Touat, peuvent recourir avec fruit aux remarquables publications de MM. le général Daumas et Ausone de Chancel, ainsi qu'à l'excellent travail de M. le lieutenant colonel de Colomb, publié par la *Revue algérienne et coloniale*.

Le seul point qu'il importe de constater ici, c'est que, depuis bien des siècles, cette région bénie du Désert offre aux caravanes qui, parties de l'Ouest de l'Algérie ou du Maroc, s'acheminent vers Tombouctou, des points de relâche et de ravitaillement, où elles trouvent, avec le repos et la sécurité, toutes les ressources matérielles, nécessaires pour remettre hommes et bêtes en haleine. Ces points de relâche dont le choix est toujours déterminé autant par la disposition naturelle des lieux que par certaines convenances politiques, sont eux-mêmes de grands marchés, ouverts aux provenances de tout pays. En y faisant halte, la caravane ne perd pas son temps ; le trafic y est en faveur, et tout en se reposant on peut effectuer d'utiles échanges. Double satisfaction de comfort et d'intérêt !

Tougourt, Ouargla, le Mzab offrent aux caravanes de l'Est et du centre des commodités analogues ; mais avec cette différence, à l'avantage du Touat, qu'ici les caravanes algériennes se rencontrant avec celles du Maroc, il se nouera entre elles des relations qui, bien comprises, peuvent devenir très profitables à notre commerce. Donc, le Touat a, dans ce cas, une prééminence marquée.

Les localités de cette oasis où devront être établies les agences françaises, sont faciles à déterminer : il n'y a qu'à consulter, pour cela, les traditions du commerce indigène. D'une part, Timimoun chef-lieu du Gourara, point extrême du Touat au Nord, et, d'autre part, Insalah, chef-lieu du Tidikkelt, à son extrémité méridionale, sont ces localités. Les marchands Marocains qui sont en relations d'affaires avec le Soudan, ont des comptoirs à Timimoun et à Insalah. De même, les trafiquants anglais dont on redoute la concurrence, en l'exagérant peut-être, y ont également des représentants de leurs intérêts. Ces représentants sont indigènes. C'est un exemple, pour le dire en passant, que nos négociants feront bien d'imiter, et, en Algérie ils n'auront que l'embarras du choix.

Etant donné Timimoun et Insalah comme points commerciaux intermédiaires sur la route de Tombouctou, et la convenance pour le commerce d'établir ses agences étant reconnue, quelle distance les sépare de Tlemcen pris pour point de départ ? Cette recherche peut nous fournir encore un nouveau terme de comparaison, non dépourvu d'intérêt.

Les caravanes, en quittant Tlemcen, pour se rendre à destination de Timimoun, ont le choix entre cinq routes différentes, dont trois ont leurs premières étapes en territoire algérien, et les deux autres traversent le territoire marocain.

Des trois premières, l'une s'oriente d'abord à l'Est, passe

par Géryville, d'où elle incline au Sud-Ouest ; traverse ensuite douze stations, dont les principales sont *Lebnoud*, *Haci Sidi Cheikh*, *Mritsa* et *Tinerkouk :* elle atteint Timimoun en vingt-deux-jours. La seconde qui suit, dès son point de départ, la direction de l'Ouest, passe par *Sebdou*, *Nâma*, *Tiyout*, *Mograr*, *Goubirats*, et le Ksar des *Oulad Aïssa :* elle conduit à Timimoun en vingt-quatre jours. — Quant à la troisième, elle pousse droit vers le Sud, et suit une ligne plus directe. Après avoir traversé les Ksours d'*Asla*, de *Bou Semroun*, et d'autres stations de moindre importance, elle aboutit, en dix-neuf jours seulement, au but du voyage.

Les deux routes qui traversent le territoire marocain, passent : l'une par *Oujda*, *Figuig*, *Heïha* et *Oulad-Saïd ;* l'autre par *Oujda*, *Hadjoui*, et plusieurs ksour du *Tafilalt*. Par la première on atteint Timimoun en dix-neuf jours, comme par la route algérienne de Bou-Semroun ; mais l'on n'emploie pas moins de vingt-huit jours pour parcourir la seconde.

Ces cinq routes ont chacune leurs avantages et leurs inconvénients qu'il serait trop long de faire ressortir. Ce qu'il importe de dire c'est qu'elles sont toutes sûres et praticables dans la saison opportune. Notre commerce, d'ici à longtemps, aura tout intérêt à suivre l'une des voies qui traversent le territoire algérien, où il est plus assuré de trouver l'aide et la protection qui lui sont nécessaires. Il est hors de doute qu'il préfèrera la route la plus directe. Il y trouvera à sa portée les grandes tribus des Hamyan, des Amour et des Trafi qui, aux époques marquées pour les voyages sahariens, lui procureront des bêtes de transport et des convoyeurs expérimentés. On sait que la saison de printemps et celle d'automne sont les seules où il soit possible d'entreprendre ces longues et pénibles expéditions commerciales ; pendant le reste de l'année, la ligne à parcourir passé notre frontière du Sud, est vide d'habitants ; elle n'offre plus ni commodité, ni sûreté ; on ne s'y risque plus sans péril.

Nos caravanes peuvent donc, *en dix-neuf journées de marche*, accomplir le voyage de Tlemcen à Timimoun.

Et maintenant, de ce point à Insalah, combien de journées ?

Deux routes peuvent être suivies. L'une aussi sûre que commode, mais très-longue, traverse les principaux dacheras du Touat. On chemine, à petites étapes, à l'ombre des palmiers ; l'eau ne manque pas, ni aucune des ressources que l'on peut désirer ; on visite successivement les Ksour renommés d'*Aougrouts*, de *Tsimmi*, de *Tsammets*, d'*Aoulef* et bien d'autres ; on trouve partout bon gîte et le reste ; mais vingt-huit jours, tout autant, sont nécessaires pour gagner Insalah. L'autre route, au contraire, est bien plus directe ; mais elle présente aussi des difficultés plus grandes. Elle court droit à son but, à travers les sables, en plein désert, par *Ragda*, *Ouad-Lebiodh*, *Tsits*, et vous mène au chef-lieu du Tidikkelt en treize jours.

Selon ses visées, le commerce préférera l'une ou l'autre des deux routes que nous venons d'indiquer : chacune a ses avantages comme ses inconvénients. Mais s'il veut aller vite, il choisira certainement la seconde. Or, nous le supposons pressé d'arriver. Dans ce cas là, Tlemcen ne sera séparé d'Insalah que par trente-deux étapes, soit environ 1,280 kilomètres, en évaluant, selon les données reçues, la journée de caravane à quarante kilomètres.

Trente-deux journées ! c'est beaucoup ; mais comparons : les caravanes de la province d'Alger, Médéa étant leur point de départ, emploieront, pour accomplir ce même voyage, trente-cinq jours ; et nous supposons qu'elles prennent la route la plus directe, route difficile où elles manqueront souvent d'eau et seront exposées à de fâcheuses rencontres ; voyage périlleux, en un mot, que les caravanes les mieux avisées évitent, en prenant une route plus longue, mais plus sûre, celle de Timimoun : or, dans ce cas, il ne leur faut pas moins de quarante-huit jours pour arriver à Insalah. Et celles de Constantine, en suivant l'itinéraire le plus direct, par Tougourt et Ouargla, ne peuvent passer moins de trente-six jours en route ; et elles rencontrent des difficultés que la route occidentale ne présente pas au même degré : régions arides, vides d'habitants, dépourvues d'eau, infestées par des nomades qui vivent de pillage. Elles ne peuvent échapper à ces dangers, qu'en se repliant vers l'Est ou l'Ouest, et dans l'un et l'autre cas, elles allongent démesurément le voyage.

Il faut donc en conclure qu'encore à ce point de vue, Tlemcen a sur les deux autres points du Tell algérien, un avantage incontestable.

Il n'est pas moins favorisé, si on le met en parallèle avec Fez, dont les caravanes ne peuvent accomplir le voyage de Tidikkelt en moins de trente-neuf jours.

Parlerons-nous des transports? Sur les routes de Tlemcen à Timimoun par le pays algérien, notre commerce aura affaire aux Hamyan, aux Amour et aux Trafi qui lui loueront leurs services, hommes et bêtes, au prix de quatre-vingt francs par charge de marchandises évaluée à trois quintaux arabes, représentant 150 kilogrammes. Le prix est le même sur les routes du Figuig et du Tafilalt. De Timimoun à Insalah, les Maharza, Khenafsa, Oulad-Dawoud et Ahl-et-Touat se présenteront, à leur tour, comme entrepreneurs de transports, à raison de trente francs par bête de somme. Tout compte fait, à son arrivée à Insalah, la charge de marchandises pesant 150 kilogrammes aura coûté de transport 110 francs, ce qui revient à 72 centimes environ par kilogramme. Nous manquons de données précises sur les prix en usage sur la ligne du Centre et sur celle de l'Est ; mais il n'y a pas de témérité à les supposer supérieurs à ceux indiqués plus haut. Il est juste, en effet, qu'ils s'élèvent en proportion de la longueur et des difficultés de l'expédition. Donc, à ce nouveau point de vue, l'avantage resterait encore à Tlemcen.

Nous ne prétendons pas pousser le parallèle plus loin : nous devions faire un choix entre les principaux arguments, et nous croyons en avoir assez dit, à l'appui de notre opinion, résumée en deux mots par le titre même de ce travail.

Nous ne suivrons pas les caravanes au-delà d'Insalah, bien qu'arrivées là elles n'aient fait encore que la moitié du voyage, et qu'il leur reste environ trente jours de marche pénible à effectuer, ou à peu près 1,200 kilomètres, pour atteindre le marché de Tombouctou. Insalah est comme le quartier général de toutes les caravanes parties de l'Algérie et du Maroc, de même que Redamès est le point de ralliement central pour celles venues de la Tunisie et de la contrée plus orientale de Tripoli. D'Insalah à Tombouctou, la route est la même pour toutes. Qu'avions-nous en vue dans ce dernier article? Uniquement ceci : fournir des termes suffisants de comparaison entre les diverses routes qui, des trois points principaux de notre colonie, viennent aboutir à ce grand rendez-vous d'Insalah. Pour ce qui est de nous aventurer au-delà, nous n'aurions pas cette témérité.

Eh bien? aurons-nous réussi à démontrer qu'en prenant Tlemcen pour point de départ, le commerce se créerait avec l'intérieur des communications plus directes et plus faciles qu'en partant de toute autre place du Tell? Là est toute la question.

Si nous l'avons résolue, nos négociants voudront bien reconnaître qu'à cet avantage Tlemcen en joint encore d'autres, non moins dignes d'attention et de faveur et bien capables de faire pencher la balance : ce sont ceux sur lesquels nous nous sommes particulièrement arrêté aux pages 12 et suivantes de ce travail.

www.ingramcontent.com/pod-product-compliance
Lightning Source LLC
LaVergne TN
LVHW010252230826
846091LV00007B/2935

* 9 7 8 2 0 1 2 8 6 5 4 6 4 *